EXPERIÊNCIA DE AUTORIA NO RESIDÊNCIA PEDAGÓGICA

Coleção Relatos de Si

Mike dos Santos Leão
Dulcinéia de Freitas Garcia
Gabriel Araújo Freitas
Marcos Roberto da Silva

Editora IGM
2022

Dados Internacionais de Catalogação na Publicação (CIP)

L437e

Leão, Mike dos Santos.

Experiência de autoria no residência pedagógica / Mike dos Santos Leão; Dulcinéia de Freitas Garcia; Gabriel Araújo Freitas; Marcos Roberto da Silva. Coleção Relatos de Si. Volume: 4. Goiânia: IGM, 2022.

30 p. : il. ; 14 cm

ISBN: 978-65-80508-57-0

1. Educação. 2. Tecnologias. 3. Robótica. 4. Matemática I. Título

CDU: 37
CDD: 370

Sumário

Introdução 4
Resultados e Discussão 6
Considerações Finais 22
Referências 24

Introdução

No presente relato será exposto as experiências pelas quais o primeiro autor vivenciou durante os três módulos do Residência Pedagógica (RP), dessa forma, falaremos sobre eventos que participei, reuniões, atividades desenvolvidas em conjunto, o desenvolvimento de propostas pedagógicas entre outras experiências.

Este trabalho entre outros (FERNANDES et al., COSTA et al., LEÃO et al., LOPES SILVA et al., NASCIMENTO et al., ALVES et al., DA SILVA et al.) são efeitos de ações colaborativas.

É importante salientar que em toda essa trajetória durante o RP tivemos alicerçados nas concepções da *Educação Matemática Inventiva* (EMI) (SILVA, 2020; SILVA & SOUZA JR. 2019, 2020a, 2020b) para desenvolvermos as nossas atividades e propostas pedagógicas que juntamente da robótica nos tornou possível entregarmos, e passarmos, por experiências na docência que não comumente seria possível.

Resultados e Discussão

No módulo I do Residência Pedagógica as atividades desenvolvidas no Colégio Estadual Dr. Onério Pereira Vieira, versaram sobre os conteúdos de Geometria com alunos do 7º (sétimo) ano do Ensino Fundamental II.

Para o desenvolvimento de tal proposta pedagógica passamos por reuniões em que discutíamos sobre a atividade que seria proposta e como a mesma poderia ser produzida de modo a atender as necessidades dos alunos e as diretrizes a serem seguidas naquele momento, dado que estávamos no auge de uma pandemia causa pelo COVID-19.

Tal proposta consistia em um *mundo inventivo* (maquete onde o robô iria interagir com objetos "matemáticos") onde existia uma cidade que seria nomeada pelos alunos para que já de início houvesse uma ligação entre aluno e atividade, nessa cidade podíamos encontrar um robô seguidor de linhas, tal robô percorreria por uma linha preta e nesse trajeto proporíamos problemas para que os alunos resolvessem.

No módulo II as atividades e proposta pedagógica tiveram ligação com o CEPI - Independência. Com um pequeno diferencial em relação ao módulo I, em que chegamos a desenvolver com os alunos do colégio citado anteriormente a proposta pedagógica, no segundo módulo por questões de transporte e também por estarmos ainda em caráter de urgência da pandemia, não foi possível desenvolvermos a proposta no CEPI.

Dessa forma, o segundo módulo teve como seu principal foco a produção e amadurecimento da proposta pedagógica, onde, em reuniões, nos propúnhamos a discutir e (re)elaborar aquilo que tínhamos pensado ou já feito.

Para além disso, no segundo módulo houve também participações em eventos como XVIII Semana Acadêmica de Matemática (SEMAT), no Câmpus da

Universidade Federal do Norte do Tocantins (UFNT) em Araguaína, VIII Congresso de Ensino, Pesquisa e Extensão (CEPE) e XVII Seminário de Ensino, Pesquisa e Extensão (SEPE), ambos ligados a Universidade Estadual de Goiás (UEG).

No terceiro, e último, módulo, desenvolvemos com a escola parceira do programa, a proposta pedagógica produzida no módulo II.

A proposta pedagógica teve como tema e norte a construção de um cenário inventivo com o objetivo de ensinar o conteúdo de Função Exponencial, para tanto, nós inventamos um mundo que consiste em uma função exponencial cuja ideia é mostrar o crescimento de uma bactéria de maneira exponencial.

Tal proposta foi desenvolvida no CEPI Independência na cidade de Quirinópolis – GO com alunos do 2º (segundo) ano do Ensino Médio.

Para que fosse possível todas essas produções já mencionadas, alicerçamos em referenciais teóricos que nos trouxesse conceitos concretos e bem elaborados para nós desse apoio na hora de elaborarmos nossas propostas.

Como é possível perceber, a EMI foi a principal fonte de apoio para que tudo fosse possível.

Tendo como principal objetivo o rompimento do ensino-aprendizagem com os métodos tradicionais, não os abandonando, mas mostrando que é possível, sim, aprender matemática de uma outra maneira, por uma outra perspectiva, sendo assim:

> "A Educação Matemática Inventiva [...] envolve a utilização da potência dos conhecimentos matemáticos em meio à problematização do mundo e à produção de ações e práticas de aprendizagem inventiva, ligadas ao tempo e ao coletivo, podendo ou não, relacionar-se

> às especificidades da vida e as suas mais diversas formas de manifestações culturais. Seu campo de forças é carregado de imprevisibilidades que não limitam o poder da matemática à representação do mundo ou à resolução de problemas, mas avança no sentido de utilizá-la como um pincel para a invenção de problemas e de mundos." (SILVA, 2020, p. 213)

Dessa forma podemos entender que a EMI busca colocar o aluno não somente como receptor do conhecimento passado pelo professor, mas sim como um sujeito ativo em seu processo de aprendizagem.

Para as atividades nós utilizamos também a robótica (BARBOSA, 2016) e que podemos entender como um dispositivo, que, para Deleuze pode ser entendido como

> "[...] um conjunto multilinear, composto por linhas de natureza diferente. E, no dispositivo, as linhas não delimitam ou envolvem sistemas homogéneos por sua própria conta, como o objecto, o sujeito, a linguagem, etc., mas seguem direções, traçam processos que estão sempre em desequilíbrio, e que ora se aproximam ora se afastam uma das outras. Qualquer linha pode ser quebrada – está sujeita a variações de direcção – e pode ser bifurcada, em forma de forquilha – está submetida a derivações. Os objetos visíveis, os enunciados formuláveis, as forças em exercício, os sujeitos numa determinada posição, são como que vectores ou tensores." (DELEUZE, 1996, s/p)

Devido a pandemia de COVID – 19 as reuniões que tivemos foram feitas de forma remota, nesses momentos nos reuníamos para discutir e colaborar com ideias para a construção da Proposta Educacional de Matemática.

Para nós, esses momentos se fizeram importantes, talvez mais até que o próprio produto final, pois são nesses momentos de reflexões e colaborações que nós conseguimos construir uma comunicação que nos coloca frente a tensões que muito provavelmente não passaríamos em outras circunstâncias.

O processo de elaboração e invenção aconteceu em partes.

No primeiro momento nos reunimos para buscar ideias de como seria o mundo inventivo. Nessas reuniões nós discutimos ideias, adaptávamos algumas coisas já propostas em outras oportunidades e adicionávamos coisas novas que poderiam funcionar melhor.

Como fruto dessas reuniões e discussões o *mundo inventivo*, este que foi usado para desenvolvermos a proposta educacional na escola-campo parceira.

Figura 1: Mundo inventivo.

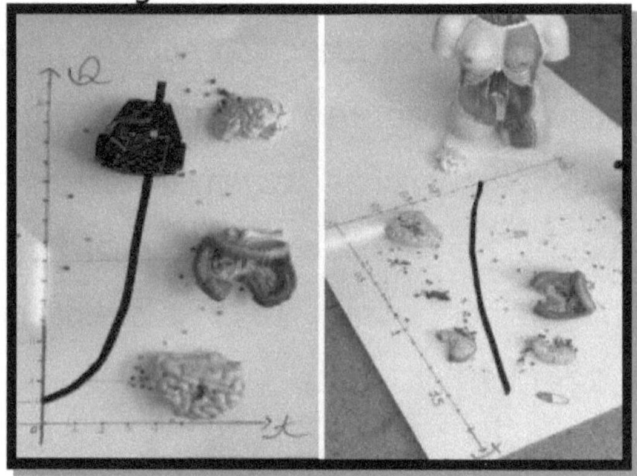

Fonte: Os autores.

Na figura 1 podemos ver o *mundo inventivo* que foi criado no módulo II.

Trata-se de uma bactéria em crescimento antes do devido tratamento e da bactéria em remissão após o tratamento, a partir disso, ensinamos a eles sobre o conteúdo de função exponencial.

Para tanto, foi inventado dez perguntas que tem ligação direta com o cenário inventivo e um vídeo[1] produzido.

Quadro 1: Situações-problemas

1. Dê um nome ao robô e ao mundo inventivo.
2. Você sabe o que é uma função exponencial pura? Se sim, diga se as funções que estão representadas no vídeo são puras.
3. Sobre as funções mostradas no vídeo:

[1] Disponível em: <https://www.youtube.com/watch?v=Qq1ZD9tn18E&t=1>. Acesso em 11 mar. 2022.

a) Dentre todos os vários tipos de funções existentes (afim, quadrática, exponencial, logarítmica, modular e trigonométrica) defina qual é o tipo de função que representa cada gráfico e justifique.
b) Defina a lei de formação das funções esboçadas em cada.

4. Observando os gráficos, retire:
   a) Os pares ordenados do primeiro gráfico.
   b) Os pares ordenados do segundo gráfico.
5. No primeiro gráfico o paciente infectado não teve tratamento para a sua patologia. Observando o vídeo e o movimento do robô, responda:
   a) Quantas bactérias estavam presentes no corpo do paciente a zero hora?
   b) depois de 2 horas quantas bactérias tinha no corpo do paciente?
   c) Quantas horas passaram para atingir 16 (mil) bactérias?
6. Você conseguiu entender qual a necessidade de resolvermos/modelarmos determinados problemas utilizando especificamente a função exponencial?
7. Se a lei de formação da função fosse 3^x qual seria o número de bactérias após 2 hora de proliferação? (primeiro gráfico)
8. Se a lei de formação da função fosse qual seria o número de bactérias após 2 (duas) horas de proliferação?

	(primeiro gráfico)
9.	Compartilhe conosco como foi essa experiência para você e invente um probleminha relacionado ao deslocamento do robô seguidor de linha na curva e compartilhe com outros colegas ou pessoas próximas a você e nos descreva como foi o desenrolar dessa pesquisa.

Fonte: Os autores.

No Quadro 1, temos os problemas inventivos que foram produzidos pelo grupo para serem usados desenvolvimento da atividade.

Estando de acordo com EMIR, esses problemas inventivos foram inventados por nós e onde não é possível encontrar as respostas prontas na *Web*, sendo possível somente responder tendo como base o vídeo.

No entanto, a EMI não descarta o uso de celulares e/ou outros dispositivos eletrônicos para o desenvolvimento das atividades, dessa forma, é livre o uso desses dispositivos, sendo até estimulado.

A experiência em relação a toda essa produção é de poder ter a oportunidade de estar frente a problemas que numa situação usual não seria possível.

A EMI nos permite questionar aquilo que no ambiente escolar, em muitas vezes, deve apenas ser aceito. Também nos fez perceber que a educação matemática precisa de outros olhares.

Apesar de ainda não ter sido posta em prática, acredito que alcançaremos os resultados desejados, que são a melhor compreensão dos alunos em relação ao conteúdo e também uma nova perspectiva sobre a matemática, buscando tirar o peso do estigma de a "matemática é para poucos".

Considerações Finais

Passar por essa experiência nos fez pensar e questionar mais sobre nossa posição de professor em processo de formação, sobre o que eu preciso fazer e como fazer.

Acredito que a EMI nos tenha provocado bastante nesses questionamentos, participar de todos esses processos que comumente não seria possível nos ajudou a entender nosso futuro papel de professor e educador.

A Proposta Educacional de Robótica supracitada já consegue alcançar os objetivos em relação a nós (professores em formação) e aqueles que já ocupam esse cargo.

O processo, muitas vezes, se mostra mais importante e eficiente do que o produto final, uma vez que é na experiência que nos colocamos a refletir e discutir, e graças a isso conseguimos nos inventar.

Referências

Alves, G. H., da Silva, M. R., Freitas, G. A., & Silva, S. C. P. (2022). TC6 ENSINAR MATEMÁTICA DE UMA FORMA DIFERENTE. ***Anais do Seminário de Ensino, Pesquisa e Extensão do Câmpus Sudoeste, 1, 103-111.***

BARBOSA, F. C. Rede de Aprendizagem em Robótica: uma perspectiva educativa de trabalho com jovens. 2016. 366 f. Tese (Doutorado em Educação e Ciências Matemáticas) – Programa de Pós-Graduação em Educação, Universidade Federal de Uberlândia. 2016. DOI: < https://doi.org/10.14393/ufu.te.2016.62>. Disponível em: < https://repositorio.ufu.br/handle/123456789/17564>. Acessado em: 12 mar. 2022.

Costa, K. G., da Silva, M. R., Freitas, G. A., Garcia, D. F., & Zuliani, L. B. P. (2022). TC5 EDUCAÇÃO MATEMÁTICA INVENTIVA: PRODUZINDO PROPOSTAS EDUCACIONAIS DE MATEMÁTICA. ***Anais do Seminário de Ensino, Pesquisa e Extensão do Câmpus Sudoeste, 1, 93-102.***

DELEUZE, G. O que é um dispositivo? In: DELEUZE, G. O mistério de Ariana. Lisboa: Vega, 1996, p. 83-96.

de Oliveira Nascimento, E. M., da Silva, M. R., Freitas, G. A., & Silva, S. C. P. (2022). TC1 APRENDIZADO PEDAGÓGICO EM PERÍODO DE PANDEMIA: UMA EXPERIÊNCIA EDUCACIONAL COMO RESIDENTE DE MATEMÁTICA NA UNIVERSIDADE ESTADUAL DE GOIÁS. ***Anais do Seminário de Ensino, Pesquisa e Extensão do Câmpus Sudoeste, 1, 59-66.***

da Silva, M. P., da Silva, M. R., Freitas, G. A., & Garcia, D. F. (2022). TC9 INTERVENÇÃO PEDAGÓGICA COM ROBÓTICA NO PROGRAMA FEDERAL RESIDÊNCIA PEDAGÓGICA. ***Anais do Seminário de Ensino, Pesquisa e Extensão do Câmpus Sudoeste, 1, 129-136.***

dos Santos Leão, M., da Silva, M. R., Freitas, G. A., & Garcia, D. F. (2022). TC12 RELATO DE EXPERIÊNCIA: EDUCAÇÃO MATEMÁTICA INVENTIVA COM ROBÓTICA. ***Anais do Seminário de Ensino, Pesquisa e Extensão do Câmpus Sudoeste, 1, 152-159.***

Fernandes, D. M., da Silva, M. R., Freitas, G. A., & Garcia, D. F. (2022). TC3 EDUCAÇÃO MATEMÁTICA INVENTIVA COM ROBÓTICA EM TEMPOS DE PANDEMIA. ***Anais do Seminário de Ensino, Pesquisa e Extensão do Câmpus Sudoeste, 1, 76-83.***

SILVA, Náabis Lopes et al. TC4 EDUCAÇÃO MATEMÁTICA INVENTIVA: GEOMETRIA PLANA E ESPACIAL UTILIZANDO A ROBÓTICA. **Anais do Seminário de Ensino, Pesquisa e Extensão do Câmpus Sudoeste**, v. 1, p. 84-92, 2022.

SILVA, M. R., SOUZA. JR., A. J. O uso da robótica na perspectiva da educação matemática inventiva. **ETD - Educação Temática Digital**, 22(2), 406-420. 2020a. https://doi.org/10.20396/etd.v22i2.8654828. Disponível em: <encurtador.com.br/hyT07>. Acesso em: 12 mar. 2022.

SILVA, M. R., SOUZA. JR., A. J. Educação Matemática Inventiva: interfaces entre universidade e escola. Revista de Ensino de Ciências e Matemática (REnCiMa), v. 11, p. 212-224, 2020b. DOI: https://doi.org/10.26843/rencima.v11i3.2463.

Disponível em: <encurtador.com.br/insDX>. Acesso em: 07 fev. 2022.

SILVA, M. R. Experiência com robótica educacional no estágio-docência: uma perspectiva inventiva para formação inicial dos professores de matemática. 2020. 252 f. Tese (Doutorado em Educação) – Universidade Federal de Uberlândia, Uberlândia, 2020. DOI: https://doi.org/10.14393/ufu.te.2020.222. Disponível em: https://repositorio.ufu.br/handle/123456789/29034. Acesso em: 30 jan. 2022.

SILVA, M. R., SOUZA. JR., A. J. Educação Matemática Inventiva: fruto de uma pesquisa com o uso de robótica no estágio-docência. In: XIII ENEM - Encontro Nacional de Educação Matemática. 2019. Cuiabá-MT. Portal de eventos - sbem / Mato Grosso. Disponível em: https://www.sbemmatogrosso.com.br/eventos

/index.php/enem/2019/paper/view/681 Acesso em: 30 jan. 2022.

SILVA, M. R. Matemática com Robótica: propostas de aprendizagem com interação virtual. Coleção Educação Matemática Inventiva. Livro Híbrido, volume: I. Goiânia: IGM, 2021. 25 p. Disponível em: <https://clubedeautores.com.br/livro/matematica-com-robotica>. Acesso em 27 mar. 2022.

SILVA, M. R. Matemática com Robótica: propostas de aprendizagem com interação virtual. Coleção Educação Matemática Inventiva. Livro Híbrido, volume: II. Goiânia: IGM, 2021. 25 p. Disponível em: <https://clubedeautores.com.br/livro/matematica-com-robotica-iii>. Acesso em 27 mar. 2022.

SILVA, M.R. Matemática com Robótica: propostas de aprendizagem com interação virtual. Coleção Educação Matemática Inventiva. Livro Híbrido, volume: III. Goiânia: IGM, 2021. 25 p. Disponível em: <https://clubedeautores.com.br/livro/matematica-com-robotica-ii>. Acesso em 27 mar. 2022.

www.ingramcontent.com/pod-product-compliance
Lightning Source LLC
LaVergne TN
LVHW041305150826
845673LV00008B/2750

* 9 7 8 6 5 8 0 5 0 8 5 7 0 *